Aline Kurt

30 Mini-Bücher zum ersten Lesen

Kurze Lese-Mal-Geschichten mit lautgetreuen Wörtern

Verlag an der Ruhr

Impressum

Titel
30 Mini-Bücher zum ersten Lesen
Kurze Lese-Mal-Geschichten mit lautgetreuen Wörtern

Autorin
Aline Kurt

Umschlagmotiv
Verlag an der Ruhr, inkl. Abbildungen von Bettina Weyland

Druck
Athesia Druck GmbH, Bozen, IT

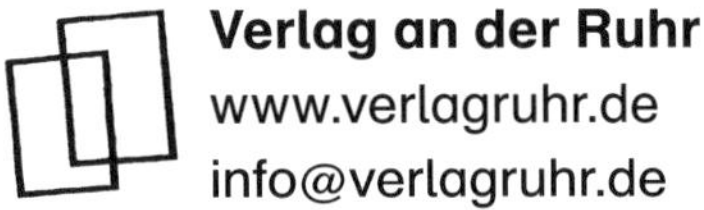

Verlag an der Ruhr
www.verlagruhr.de
info@verlagruhr.de

Geeignet für Kinder von 6–7 Jahren

Nachdruck 2025
ISBN 978-3-8346-4584-5

PEFC/18-31-166

PEFC-zertifiziert
Dieses Produkt stammt aus nachhaltig bewirtschafteten Wäldern und kontrollierten Quellen
www.pefc.de

Inhaltsverzeichnis

Mini-Bücher

Leichtere Mini-Bücher

Schwierigere Mini-Bücher

Vorwort

Liebe Lehrer*innen,

der Leselernprozess stellt für so manches Kind eine schwere Hürde dar. Hierbei soll Sie und Ihre Klasse dieses Buch unterstützen.

Sie finden hier insgesamt 30 Mini-Bücher zum sinnentnehmenden Lesen. Durch einfaches Falten wird jede Kopiervorlage im Handumdrehen zum Hosentaschenbuch. Die liebevoll gestalteten Illustrationen wirken ermutigend und sorgen für Spaß und Freude beim Erlesen der zugehörigen Texte.

Bei den Texten wurde bewusst darauf geachtet, vorwiegend lautgetreue Wörter zu verwenden, die buchstabengetreu gelesen werden können. Teils ließ es sich leider dennoch nicht vermeiden, auch auf nicht lautgetreue Wörter zurückzugreifen. Dies liegt zum einen daran, dass einige wichtige Wörter der deutschen Sprache nicht lautgetreu sind (z. B. „die“ oder „ein“). Zum anderen wäre der Wortschatz für „echte“ Geschichten bei ausschließlich lautgetreuen Wörtern zu spärlich gewesen. Entsprechende Wörter wurden aber auf ein Minimum begrenzt.

Zum Einsatz der Mini-Bücher

Die Mini-Bücher können Sie auf vielfältige Weise einsetzen. Folgende Einsatzgebiete sind dabei denkbar:

- als Hausaufgabe
- innerhalb der Wochenplanarbeit
- im Werkstattunterricht
- als Fördermaterial
- als Freiarbeitsmaterial
- für Vertretungsstunden

Im vorderen Teil des Buches (S. 10–30) finden Sie leichte Texte mit kurzen Sätzen. Ab S. 31 sind die Mini-Bücher etwas schwieriger gestaltet bzw. beinhalten etwas mehr Text und vereinzelt auch schwierigere Wörter.

Auf S. 40 finden Sie zudem eine Blanko-Vorlage, mit der die Kinder ihre ganz eigenen Mini-Bücher gestalten können.

Damit die Kinder mithilfe der Mini-Bücher auch das sinnentnehmende Lesen trainieren, dürfen die Schüler*innen in jedem Buch selbst aktiv werden. Bei einigen Büchern müssen die Kinder entsprechende Bildelemente ausmalen oder ergänzen. Darüber hinaus gibt es auch Bücher, in denen die Kinder die Bilder zum Text selbst gestalten, Elemente verbinden oder Sprechblasen ausfüllen.

An dieser Stelle möchte ich Sie darauf hinweisen, dass es beim Ergänzen fehlender Bildelemente oder auch beim Gestalten eigener Bilder nicht darum geht, künstlerisch besonders wertvoll zu arbeiten. Beim Malen sollte vor allem der Spaßfaktor im Vordergrund stehen und das Gelesene entsprechend bildlich umgesetzt werden.

Zuletzt möchte ich mich ganz herzlich bedanken, dass Sie dieses Buch in Ihren Händen halten. Ich habe die Arbeit hieran sehr genossen und war mit Freude und Eifer dabei. Ich hoffe, dass auch Sie und die Kinder diese Freude spüren, wenn Sie mit den Mini-Büchern arbeiten.

Ihre Aline Kurt

---

*Der Verlag an der Ruhr legt großen Wert auf eine geschlechtergerechte und inklusive Sprache. Daher nutzen wir neutrale Formulierungen oder das Gendersternchen, um alle Menschen unabhängig von Geschlecht oder Geschlechtsidentität einzuschließen. In Texten für Schüler*innen finden sich aus didaktischen Gründen neutrale Begriffe bzw. Doppelformen.

Übersicht über die Mini-Bücher

Im Folgenden finden Sie eine Übersicht über die in diesem Buch enthaltenen Mini-Bücher und deren Inhalt.

Titel	Seite	Inhalt
Obst	10	Hier malen die Kinder die Obstsorten in den angegebenen Farben aus.
Bunte Blumen	11	Die Kinder malen die angegebene Menge an Blumen in der entsprechenden Farbe an.
Leon malt ein Bild	12	Die Schüler*innen schlüpfen in die Rolle des malenden Protagonisten und malen, entsprechend den Vorgaben, auf jeder Seite ein Bildelement sowie zum Schluss das gesamte Bild.
Das bunte Haus	13	Hier malen die Kinder die Bilder, passend zum Text, aus, sodass ein kunterbuntes Haus entsteht.
Leo Löwe	14	In diesem Mini-Buch ziehen die Kinder dem Löwen passende Kleidungsstücke an, indem sie diese hinzumalen.
Mimo am Fluss	15	Die Kinder ergänzen Bildelemente rund um die Wanderung von Affe Mimo, der am Fluss etwas Spannendes findet.
Bunte Federn	16	Hier werden die Federn in den vorgegebenen Farben ausgemalt.
Der Hund findet etwas	17	Der Hund findet in diesem Mini-Buch eine ganze Menge. Die Dinge, die er findet, malen die Schüler*innen auf den jeweiligen Seiten hinzu.
In der Pause	18	In diesem Mini-Buch wird hinzugemalt, welche Tätigkeiten verschiedene Kinder während der Pause ausführen.
Im Wald	19	Die Kinder ergänzen hier, was Ben, Oma und Opa während ihres Ausflugs in den Wald erleben.
Janas Zimmer	20	Hier erfahren die Schüler*innen, wie Janas Zimmer aussieht, und fügen gleich selbst die fehlenden Bildelemente hinzu.
Der Regenbogen	21	Die Kinder malen nach Vorgaben Bildelemente und ergänzen einzelne Details, sodass am Ende klar wird, wieso ein Regenbogen entstanden bist.
Rosa Punkte	22	Gemeinsam mit Papa und Luka „streichen" die Kinder in diesem Mini-Buch ein Haus an und ergänzen einzelne Bildelemente.
Auf der Weide	23	In diesem Mini-Buch ergänzen die Kinder verschiedene Bildelemente, die sich auf einer Weide befinden.
Wer mag was?	24	Hier verbinden die Schüler*innen verschiedene Tiere mit ihrem jeweiligen Lieblingsfutter.
Der bunte Esel	25	Die Kinder ergänzen die Bilder und malen sie, entsprechend den Vorgaben, an, sodass schließlich ein bunter Esel auf dem Rasen steht.

Übersicht über die Mini-Bücher

Die Torte	26	In diesem Mini-Buch ergänzen die Kinder ebenfalls vorgegebene Bilder und malen diese aus. Hierbei entstehen neben einer schönen Torte auch noch bunte Geschenkpakete.
Im Garten	27	Was im Garten aus diesem Mini-Buch alles passiert, malen die Schüler*innen hinzu bzw. in den vorgegebenen Farben an.
Wer hat was?	28	Hier verbinden die Kinder einzelne Bilder und ordnen so verschiedenen Personen das jeweils passende Musikinstrument zu.
Die Maus im Haus	29	Die Kinder ergänzen fehlende Details rund um die Abenteuer, die eine Maus in einem Haus erlebt.
Der Karton	30	Hier malen die Schüler*innen, was im Text angegeben ist, und lüften so am Ende das Geheimnis, was in einem Karton versteckt ist.
Lena will helfen	31	In diesem Mini-Buch will Lena ihrem Vater helfen. Auch die Kinder werden aktiv, indem sie auf allen Seiten selbst ein Bild zum Text zeichnen.
Hexe Kiki	32	Dieses Mini-Buch beinhaltet gleich mehrere Aktivitäten. Die Kinder müssen Ergänzungen vornehmen, eine Sprechblase ausfüllen und ein eigenes Bild malen. Dabei dreht sich alles um die Hexe Kiki.
Das Paket	33	In diesem Mini-Buch ergänzen die Kinder Bildelemente und erfahren schließlich, was der Protagonist der Geschichte geschenkt bekommt.
Familie Winter	34	Die Kinder lernen Familie Winter kennen, indem sie die Bilder, entsprechend den Vorgaben, ausmalen und die Familienmitglieder mit ihren Lieblingsdingen verbinden.
Daria auf dem Bauernhof	35	Hier ergänzen die Schüler*innen Bildelemente und gestalten eigene Bilder rund um den Aufenthalt der Protagonistin auf dem Bauernhof ihrer Großeltern.
Nikos und der Esel	36	Was Nikos mit einem Esel erlebt, gestalten die Kinder mit, indem sie vorgegebene Bildelemente ergänzen.
Hugo Hase und Wolfi Wolf	37	Aufgabe der Schüler*innen ist es hier, passend zum Text, die Bilder zu ergänzen oder selbst zu malen. Dabei erleben sie ein kurzes Abenteuer mit zwei ungleichen Freunden.
Berufe	38	In diesem Mini-Buch dreht sich alles um verschiedene Berufe. Die Kinder ergänzen dabei Gegenstände, passend zu den Berufen der Protagonist*innen.
Im Zirkus	39	Die Kinder ergänzen fehlende Bildelemente sowie eine Sprechblase. Dabei dreht sich alles um einen – im wahrsten Sinne des Wortes – traumhaften Zirkusbesuch.

Faltanleitung für ein Mini-Buch (1/2)

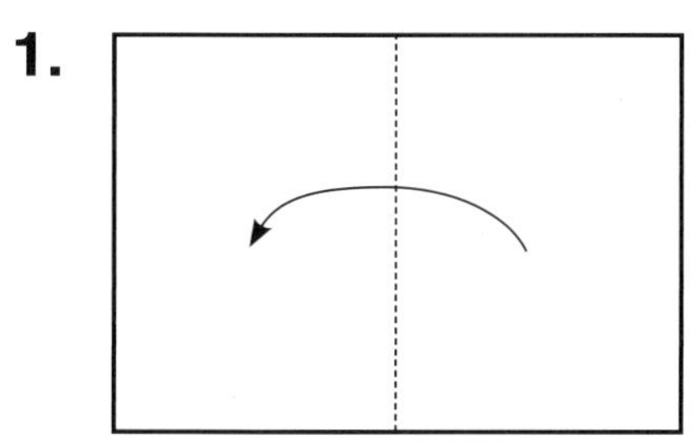

1. Lege das Blatt quer vor dich hin. Die bedruckte Seite ist unten. Falte das Blatt in der Mitte. Lege dazu die rechte Kante auf die linke.

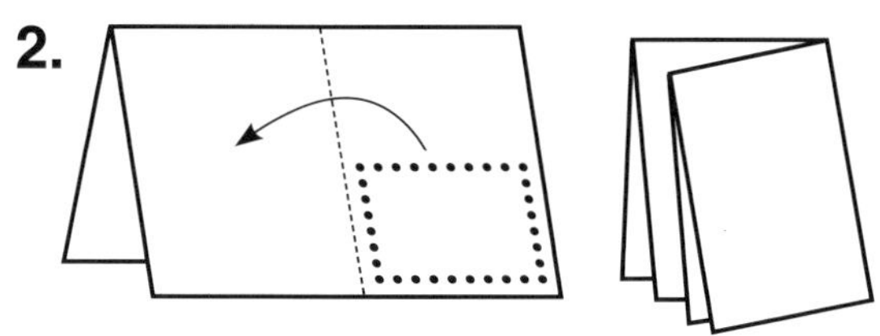

2. Drehe das Blatt ins Querformat. Die Öffnung zeigt nach unten. Falte das Blatt in der Mitte. Lege dazu die rechte Kante auf die linke.

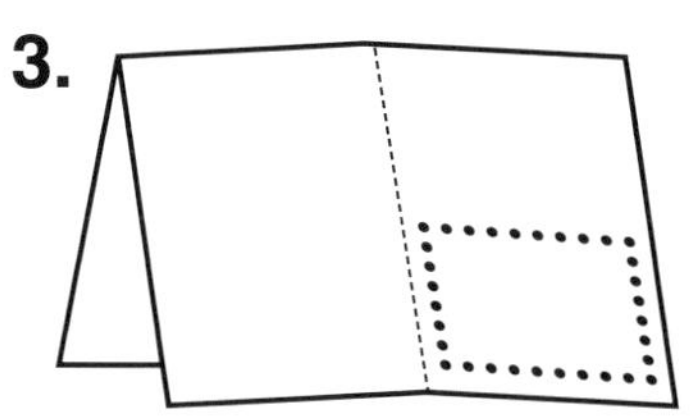

3. Falte das Blatt einmal wieder auf. Die Öffnung ist immer noch unten.

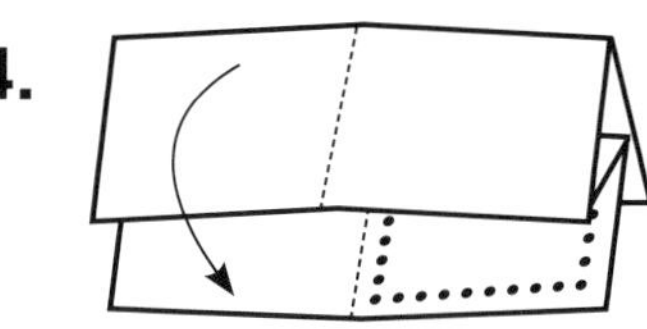

4. Falte die Oberkante auf die Unterkante. Klappe dann das Blatt wieder ganz auf. Lege das Blatt quer vor dich hin. Die bedruckte Seite ist unten.

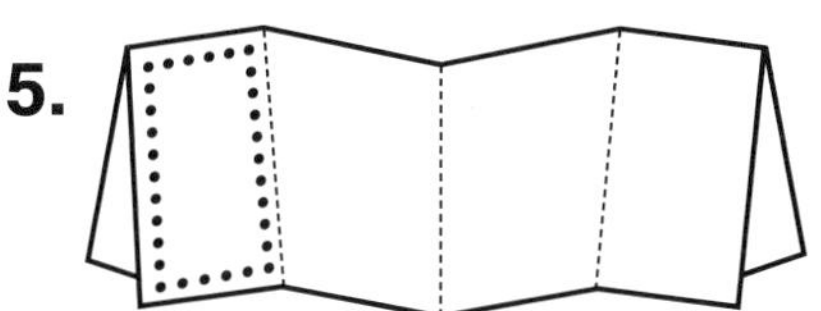

5. Falte die Oberkante auf die Unterkante. Falte die Felder zu einer Zickzacklinie.

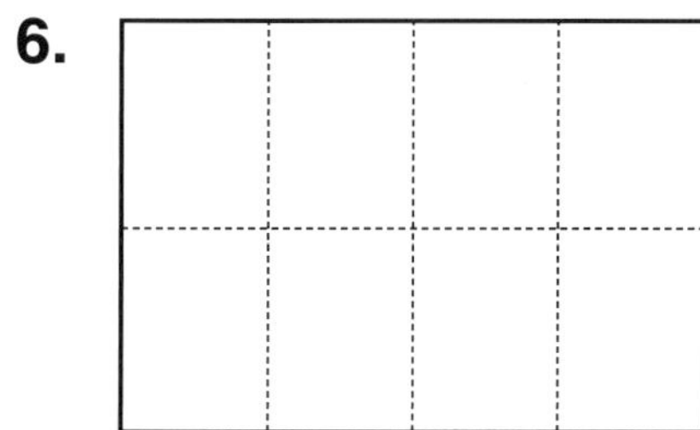

6. Falte das Blatt wieder auf. Es sind nun 8 senkrechte Felder zu sehen. Die bedruckte Seite ist wieder unten.

Faltanleitung für ein Mini-Buch (2/2)

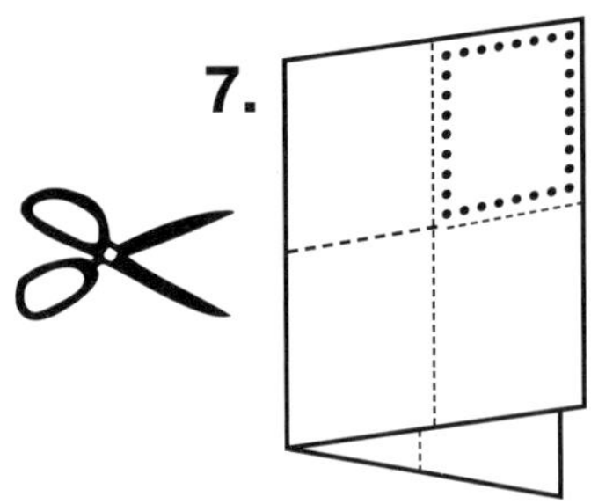

7. Falte den linken Seitenrand auf den rechten. Schneide die Falte in der Mitte entlang der gestrichelten Linie ein.

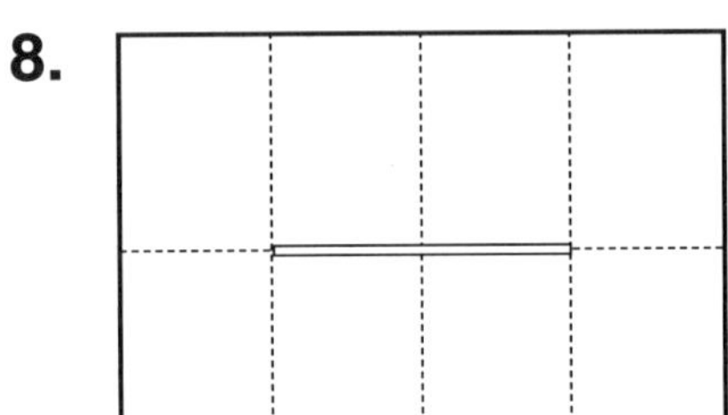

8. Falte das Blatt auf. Die bedruckte Seite ist unten. In der Mitte ist ein waagerechter Schlitz.

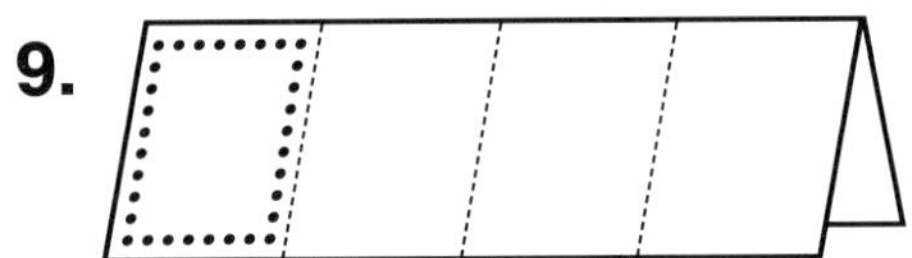

9. Falte die Oberkante auf die Unterkante.

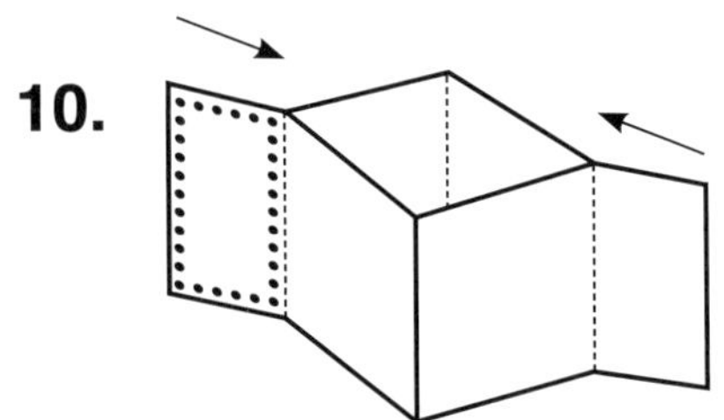

10. Schiebe den linken und den rechten Seitenrand gegeneinander. In der Mitte öffnet sich ein Viereck.

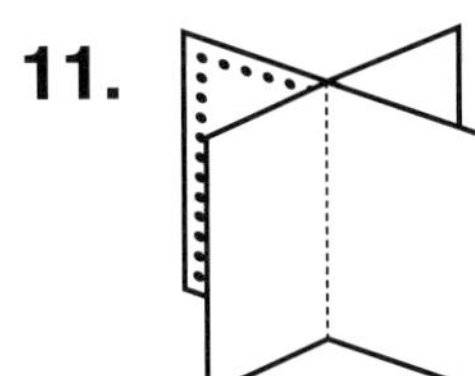

11. Schiebe die Seitenränder weiter zur Mitte. Die Oberkanten bilden nun ein Kreuz.

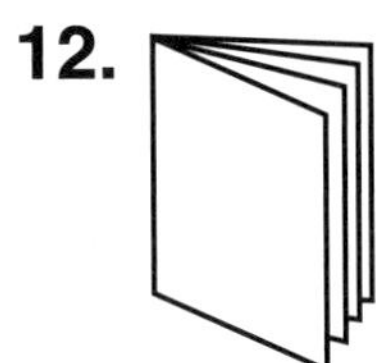

12. Falte die Seiten so um, dass das Titelbild deines Büchleins obenauf liegt.

Nun kannst du dein Büchlein lesen und gestalten.

Viel Spaß!

Mini-Bücher

Auf dem Rasen ist ein Esel.
Auf dem Rasen ist ein Eimer.

Der Esel hat gelbes Fell.
Der Esel hat eine blaue Nase.
Nun ist der Esel bunt.
Der bunte Esel
Name: KARO

Obst

Name: ....

Die Melone ist rosa.

Die Banane ist gelb.

Die Erdbeere ist rot.

Die Birne ist gelb.

Die Trauben sind lila.

Der Apfel ist grün.

Das Obst ist auf dem Teller.

Illustrationen: Norbert Höveler

Bunte Blumen

Name: ....

1

2 Blumen sind blau.

2

2 Blumen sind rot.

3

Eine Blume ist gelb.

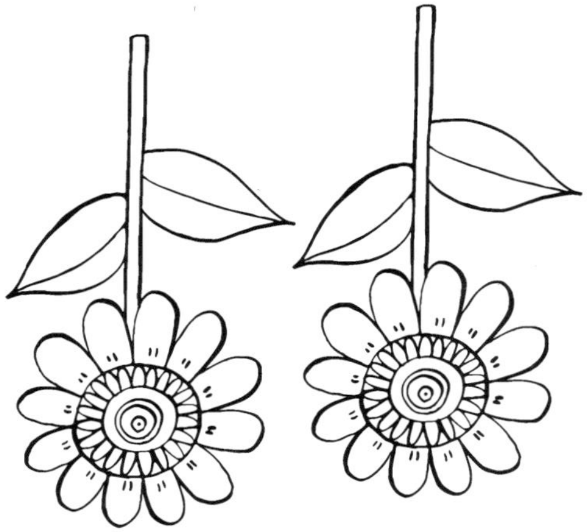

4

Eine Blume ist lila.

5

3 Blumen sind grün.

6

3 Blumen sind rosa.

7

Alle Blumen sind bunt.

8

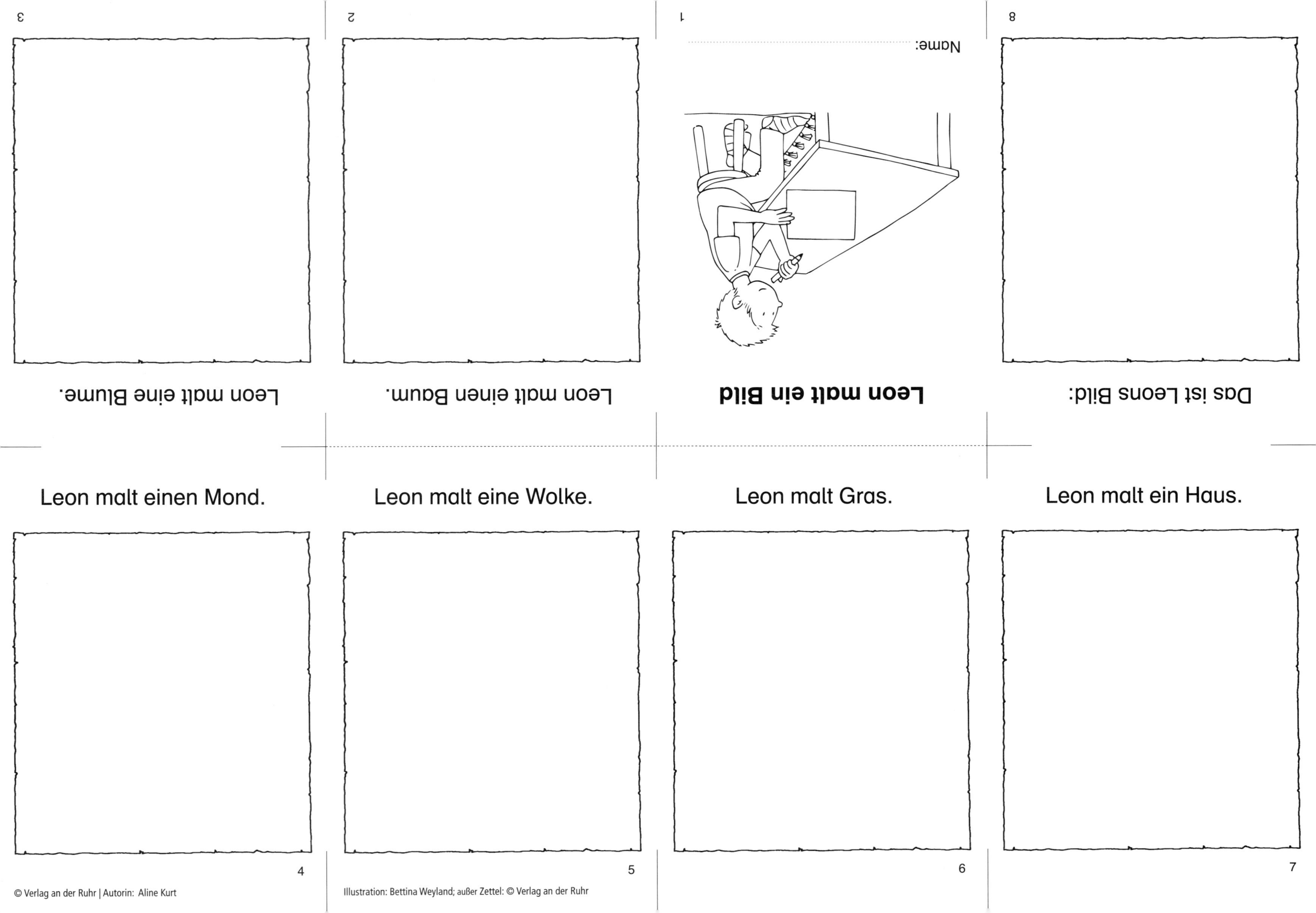

Leon malt ein Bild

Name: ....

1

Leon malt einen Baum.

2

Leon malt eine Blume.

3

Leon malt einen Mond.

4

Leon malt eine Wolke.

5

Leon malt Gras.

6

Leon malt ein Haus.

7

Das ist Leons Bild:

8

Das bunte Haus

Name: ....

Im Garten ist ein Haus.

Das Haus ist rosa.

Die Fenster sind blau.

Die Tür ist grün.

Oben ist das Haus lila.

Neben dem Haus ist
ein gelber Baum.

Hinter dem Haus ist
ein roter Hund.

Leo Löwe

Name: ....

1

Leo hat eine Unterhose an.

2

Leo hat eine Hose an.

3

Leo hat ein Unterhemd an.

4

Leo hat ein Hemd an.

5

Leo hat Sandalen an.

6

Leo hat einen Mantel an.

7

Leo hat einen Hut auf. Fertig!

8

Illustrationen: Bettina Weyland

Mimo am Fluss

Name:

1

Das ist Mimo. Er ist ein Affe.

2

Mimo hat einen Koffer.

3

Mimo wandert zum Fluss.

4

Da findet er eine Kiste.

5

In der Kiste ist eine Kette.

6

Mimo nimmt die Kette mit.

7

Mimo gibt Mama die Kette.

8

Bunte Federn

Name: ....

1

Eine Feder ist gelb.

2

Eine Feder ist grün.

3

Eine Feder ist grau.

4

Eine Feder ist blau.

5

Eine Feder ist rosa.

6

Eine Feder ist rot.

7

Das sind die Federn:

8

Illustrationen: Anja Boretzki

Der Hund findet etwas

Name: ....

1

Der Hund findet eine Brille.

2

Der Hund findet einen Ball.

3

Der Hund findet einen Hammer.

4

Der Hund findet einen Ast.

5

Der Hund findet eine Salami.

6

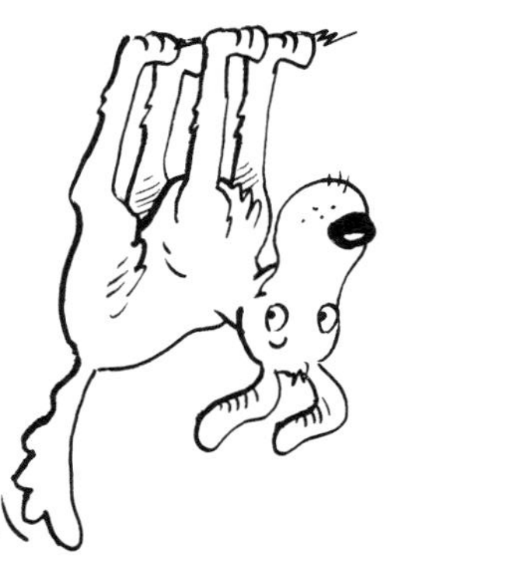

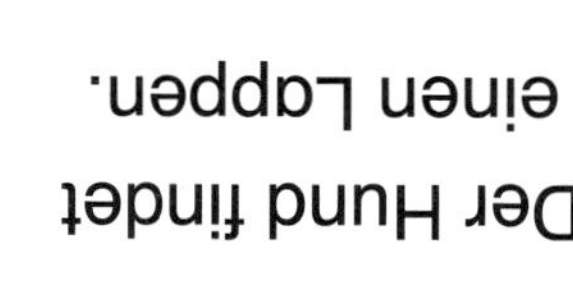

Der Hund findet einen Lappen.

7

Der Hund legt alles in den Hof.

8

Name: ....

In der Pause

Mirela malt.

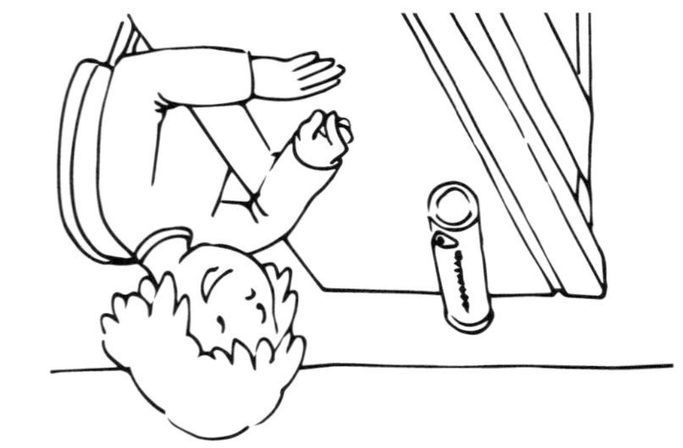

Ali hat ein Jojo.

Tim hat einen Zettel.

Nera hat einen Ball.

Simon hat einen Pinsel.

Leo hat ein Brot.

Die Kinder rennen
in die Klasse.

Illustrationen: Bettina Weyland

Im Wald

Name:

1

Ben wandert mit
Oma und Opa.

2

Sie gehen in den Wald.

3

Im Wald ist ein Hase.

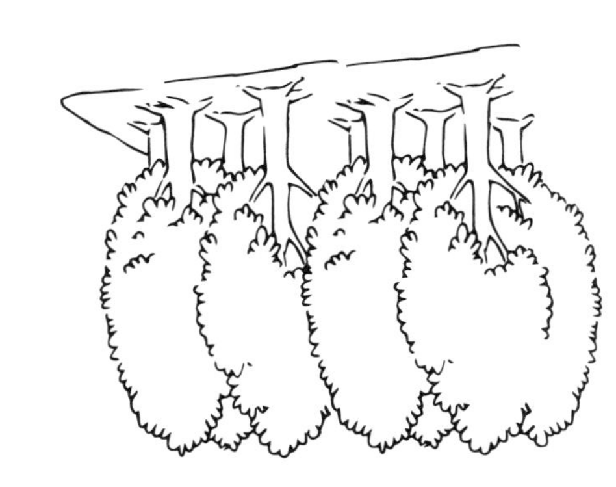

4

Der Hase knabbert Gras.

5

Oma findet eine Bank.

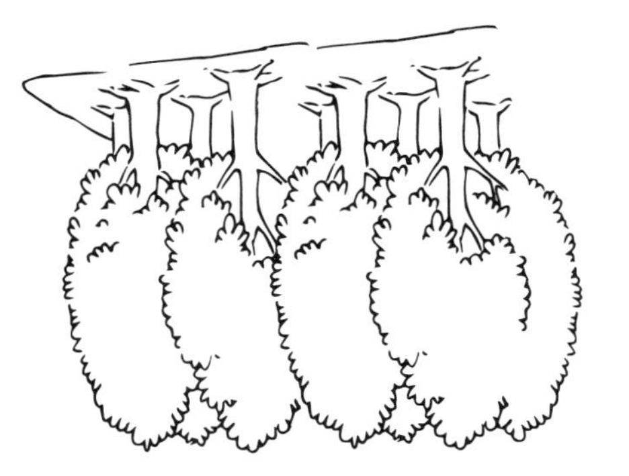

6

Ben will etwas essen.
Opa gibt Ben ein Brot.

7

Sie gehen heim.

8

Janas Zimmer

Name: ....

1

In Janas Zimmer ist ein Zelt.

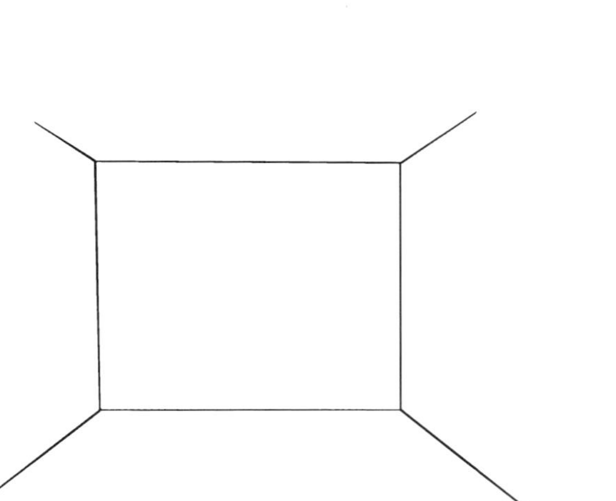

2

An der Wand ist ein Bild.

3

Unter dem Bild ist ein Sofa.

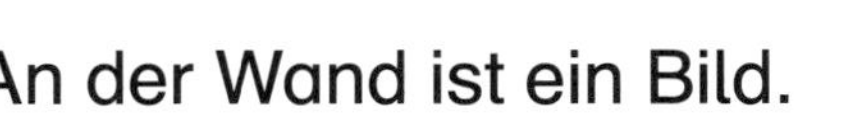

4

Neben dem Sofa ist ein Sessel.

5

Auf dem Sessel ist ein Kissen.

6

Auf dem Kissen klebt ein Zettel.

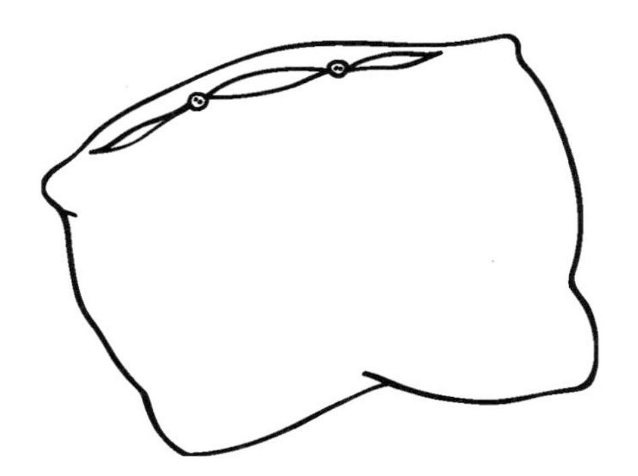

7

Auf dem Zettel ist ein Herz.

8

Der Regenbogen

Name:

1

Der Himmel ist blau.

2

Am Himmel ist die Sonne.

3 

Wolken kommen dazu.

4

Die Wolken sind dunkel.

5

Aus den Wolken kommt Regen.

6

Der Regen fällt auf die Erde.

7

Am Himmel ist ein Regenbogen.

8

Rosa Punkte

Name: ....

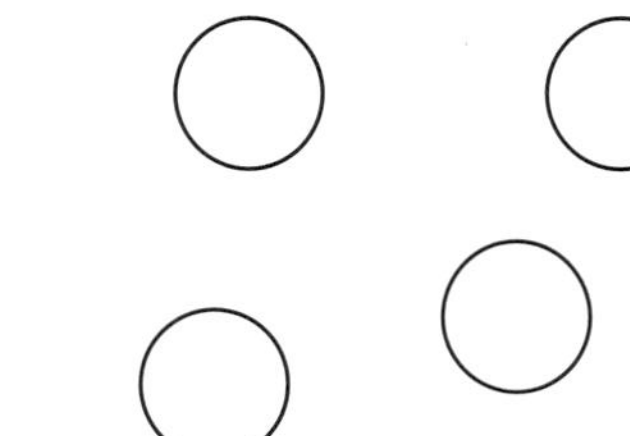
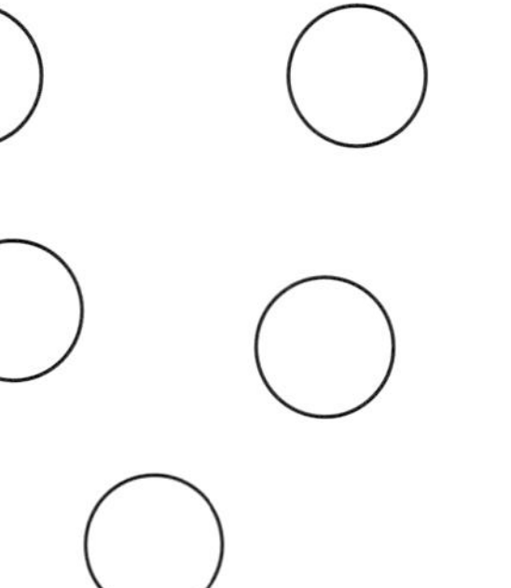
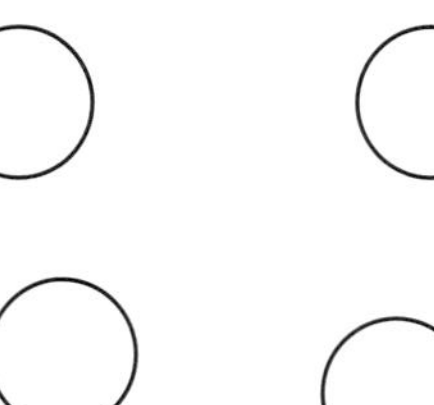
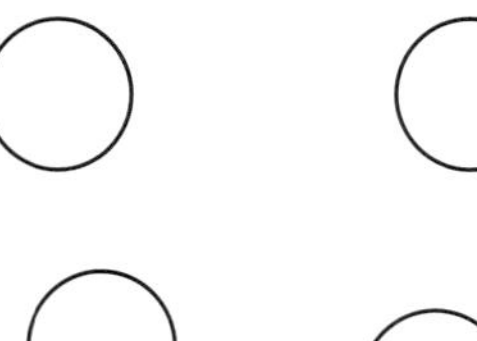
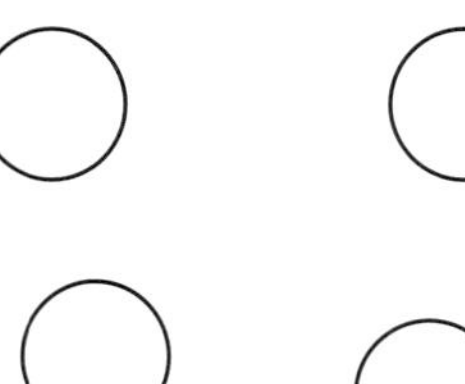

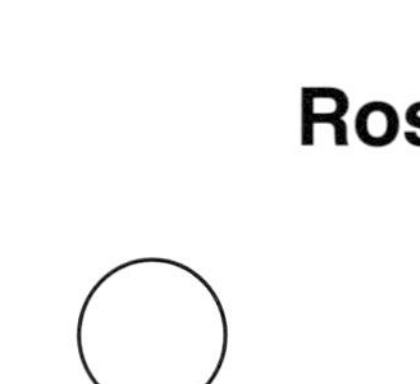

1

Am Haus ist eine Leiter.

2

Auf der Leiter ist Papa.

3

Papa hat einen Pinsel.

4

Papa malt das Haus gelb an.

5

Luka kommt. Er will helfen.

6

Papa gibt Luka einen Pinsel.

7

Luka malt rosa Punkte auf das Haus.

8

Illustrationen: Bettina Weyland

Auf der Weide

Name: ....

1

Auf der Weide ist ein Baum.

2

Über dem Baum
ist eine Wolke.

3

Neben dem Baum ist Heu.

4

Im Heu ist ein Igel.

5

Neben dem Heu ist
eine Maus.

6

Die Maus findet
eine Birne.

7

Ein Igel kommt.
Er frisst die Birne.

8

Wer mag was?

Name: ....

1

Der Hase mag Karotten.

2

Die Maus mag Birnen.

3

Das Lamm mag Gras.

4

Die Ente mag Salat.

5

Der Igel mag Trauben.

6

Der Affe mag Bananen.

7

Das Ferkel mag Kartoffeln.

8

Illustrationen: Tiere: Bettina Weyland; außer Lebensmittel: Anja Boretzki

Der bunte Esel

Name: ....

Auf dem Rasen ist ein Esel.

Auf dem Rasen ist ein Eimer.

Tim hat einen Pinsel.

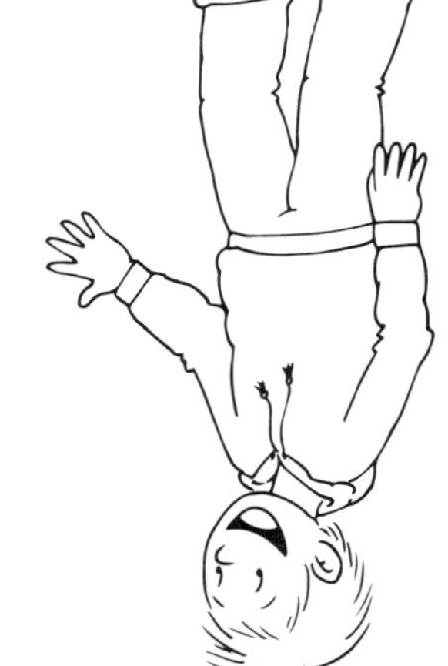

Tim malt den Esel an.
Der Esel hat rote Hufe.

Der Esel hat
eine blaue Nase.

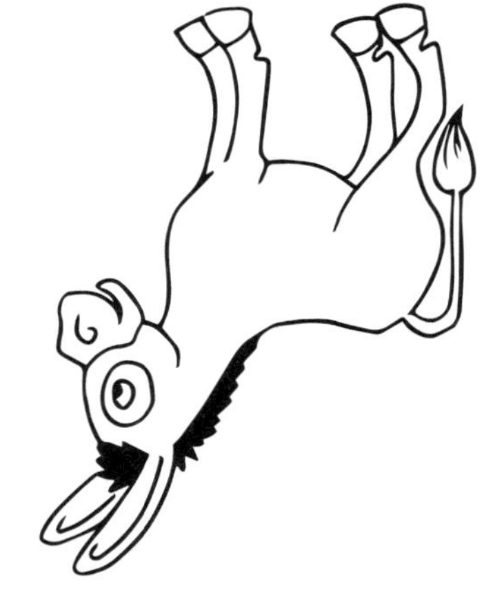

Der Esel hat gelbes Fell.

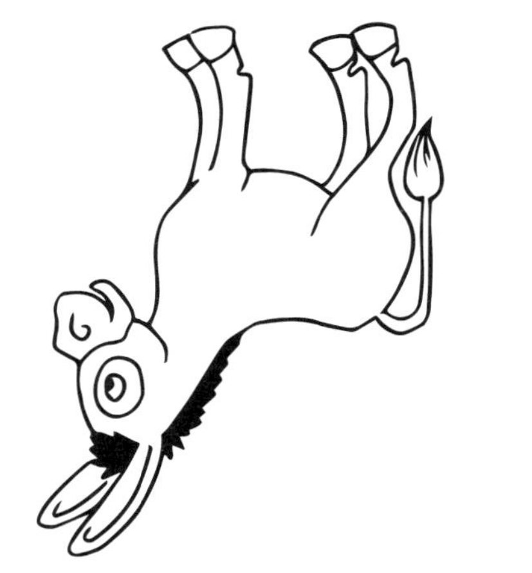

Nun ist der Esel bunt.

Die Torte

Name: ....

Die Torte ist rosa.

Auf der Torte sind 3 Kerzen.

Die Kerzen sind blau.

Neben der Torte sind 4 Pakete.

Die Pakete sind gelb,
rot, grün und lila.

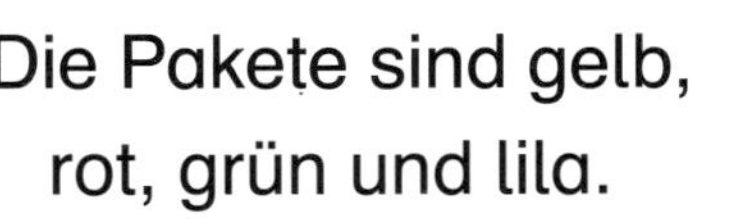

Auf dem lila Paket
ist ein Herz.

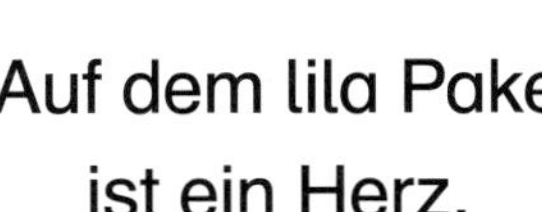

Das Herz ist rot.

Illustrationen: Bettina Weyland; außer Herz:

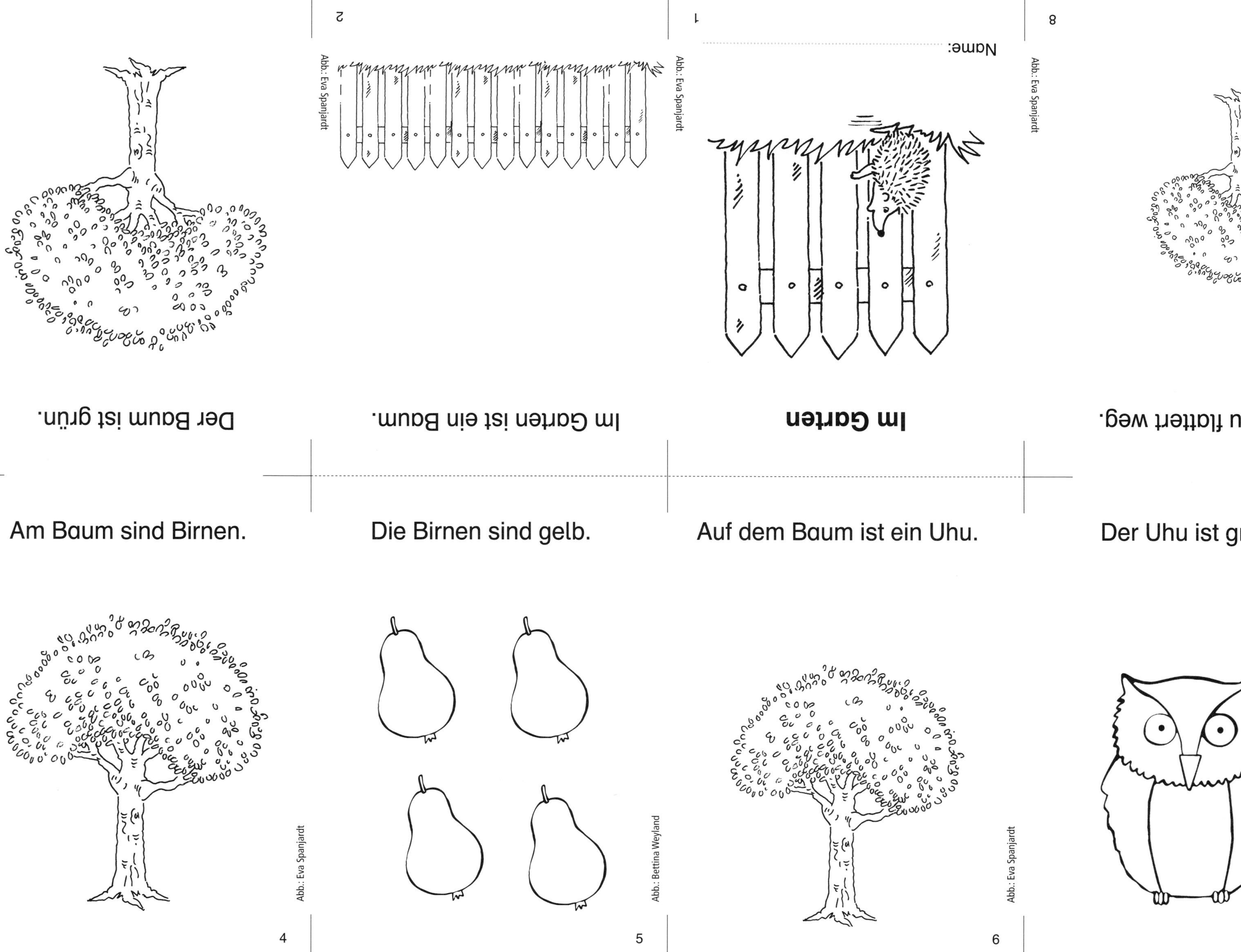

Im Garten
Name:
1
Abb.: Eva Spanjardt
Im Garten ist ein Baum.
2
Abb.: Eva Spanjardt
Der Baum ist grün.
3
Abb.: Eva Spanjardt
Am Baum sind Birnen.
4
Abb.: Eva Spanjardt
Die Birnen sind gelb.
5
Abb.: Bettina Weyland
Auf dem Baum ist ein Uhu.
6
Abb.: Eva Spanjardt
Der Uhu ist grau.
7
Abb.: Bettina Weyland
Der Uhu flattert weg.
8
Abb.: Eva Spanjardt

Wer hat was?

Name: ....

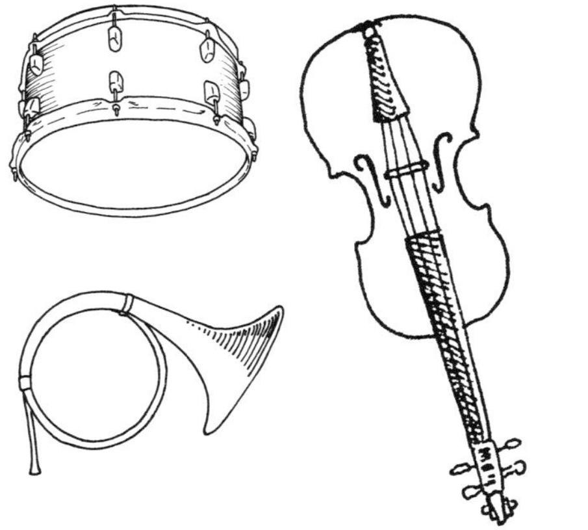

Oma hat eine Trommel.

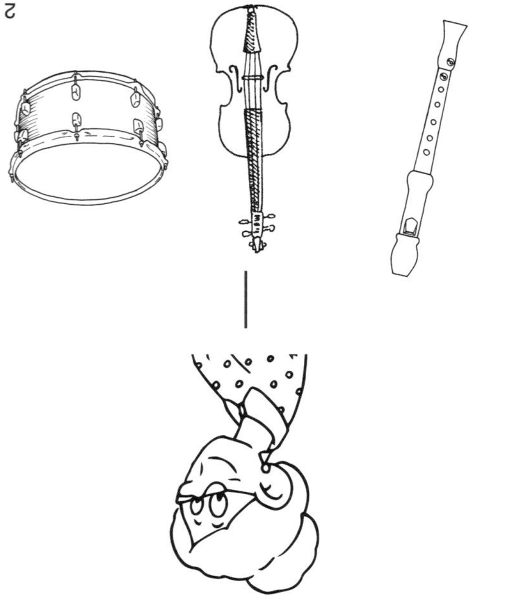

Opa hat eine Trompete.

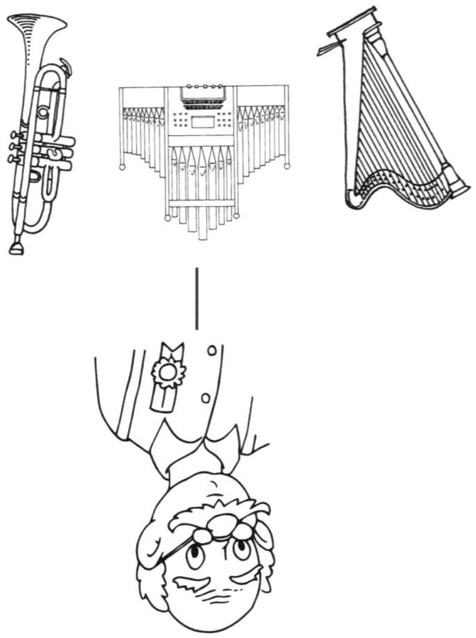

Mama hat ein Horn.

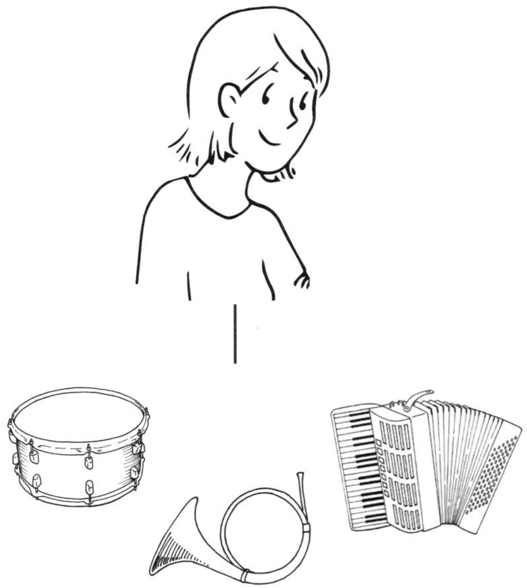

Papa hat eine Flöte.

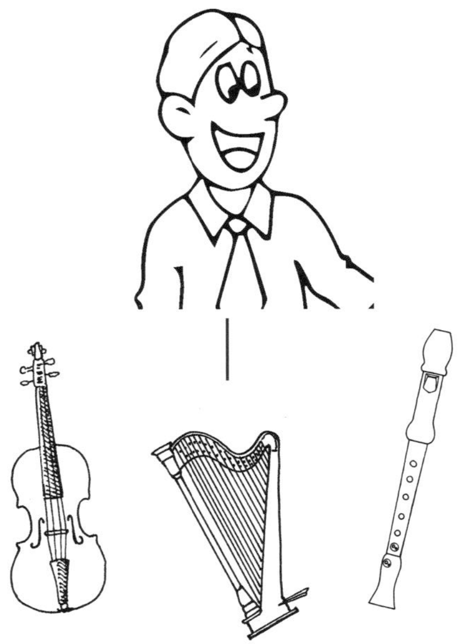

Adam hat eine Harfe.

Elif hat eine Orgel.

Anna hat eine Geige.

Illustrationen: Menschen: Bettina Weyland; außer Instrumente: Astrid Wilkesmann

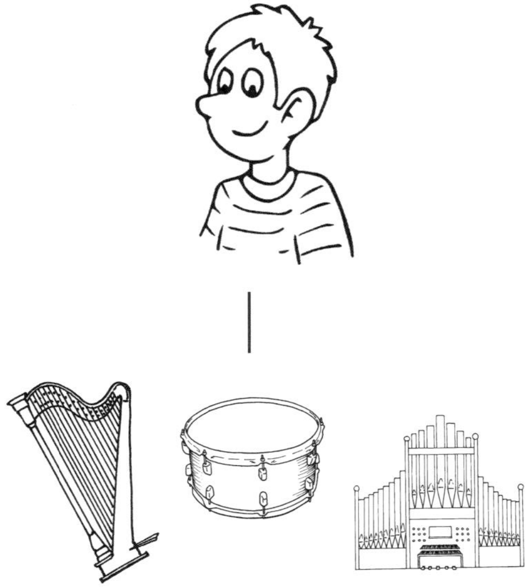

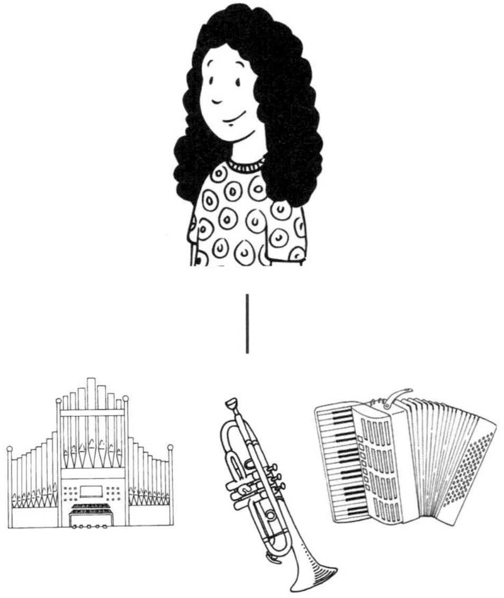

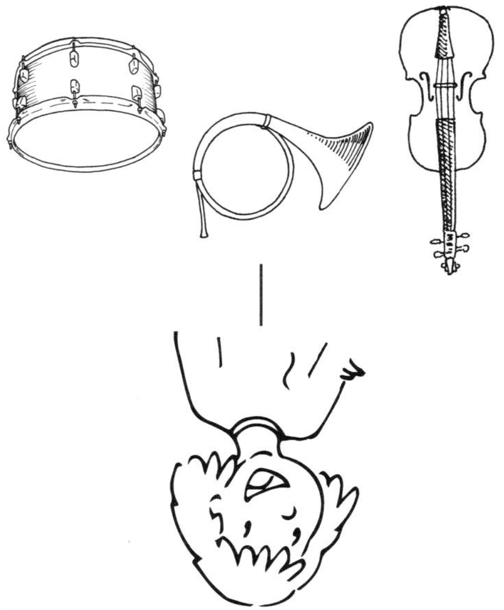

Die Maus im Haus

Name: ....

1

Im Haus ist eine Maus.

2

Im Bad ist das Nest
der Maus.

3

Die Maus rennt auf den Flur.

4

Die Maus findet ein Regal.

5

Die Maus findet Nüsse
im Regal.

6

Der Hund Bello findet
die Maus.

7

Bello nimmt die Maus
mit in sein Bett. Er hat
die Maus gern.

8

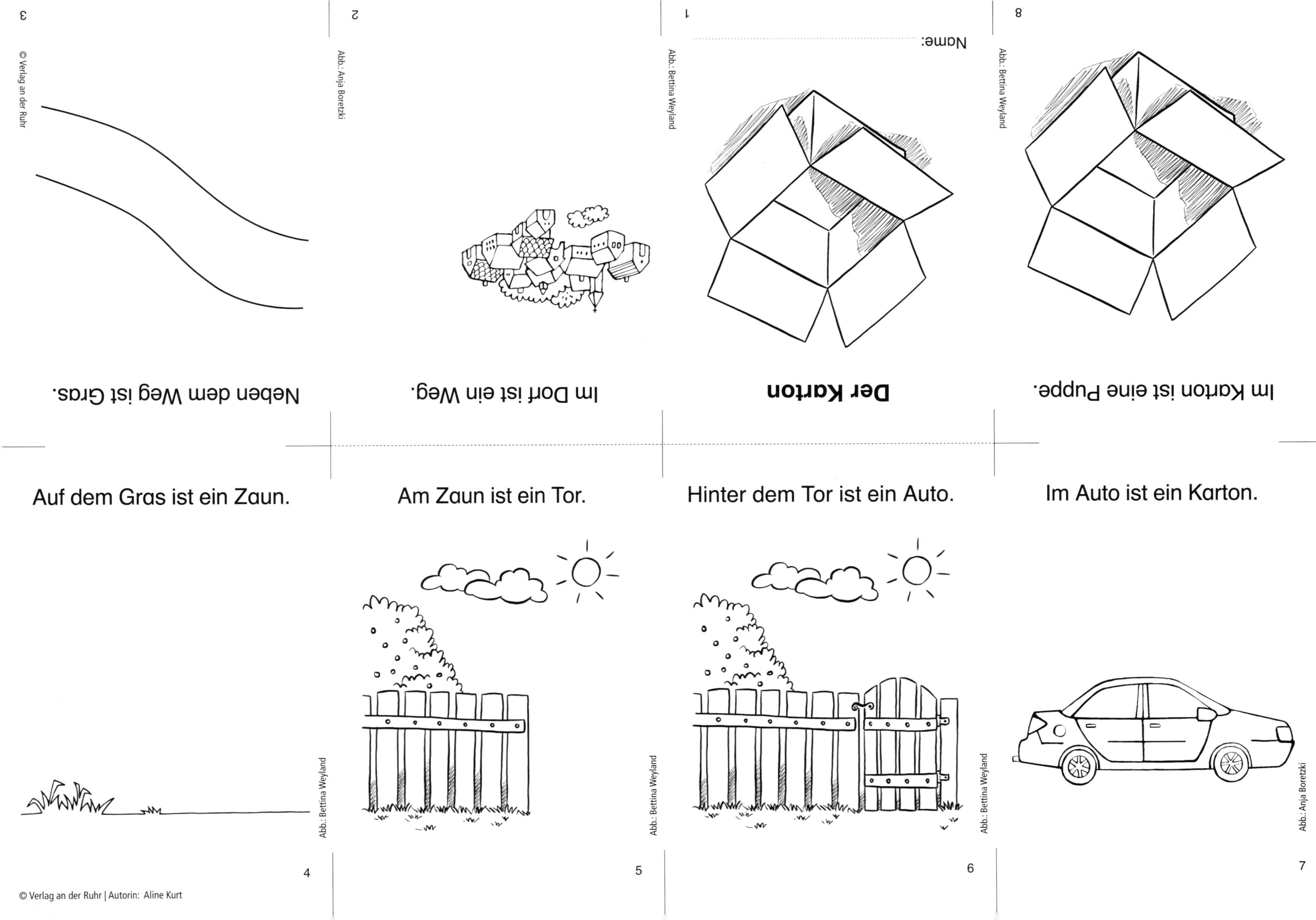

Der Karton

Name: ....

Abb.: Bettina Weyland

1

Im Dorf ist ein Weg.

Abb.: Anja Boretzki

2

Neben dem Weg ist Gras.

3

Auf dem Gras ist ein Zaun.

Abb.: Bettina Weyland

4

Am Zaun ist ein Tor.

Abb.: Bettina Weyland

5

Hinter dem Tor ist ein Auto.

Abb.: Bettina Weyland

6

Im Auto ist ein Karton.

Abb.: Anja Boretzki

7

Im Karton ist eine Puppe.

Abb.: Bettina Weyland

8

© Verlag an der Ruhr

Lena will helfen

Name: ....

Es sind Ferien. Lena, Mama und Papa wollen weg.

Papa holt einen Koffer aus dem Keller.

Lena will helfen.

Lena holt selbst einen Koffer aus dem Keller.

Nun haben Papa und Lena 2 Koffer. Aber beide Koffer sind leer.

Papa muss grinsen.

„Na los, holen wir unsere Kleidung!“

Hexe Kiki

Name: ....

1

Hexe Kiki hat ein Hexenhaus.
Am Haus sind Kekse.

2

Hexe Kiki hat einen Raben.
Er hat einen roten Hut.

3

Vor dem Hexenhaus ist
ein Baum. Am Baum
sind Birnen.

4

Der Rabe ist im Garten.
Er klaut eine Birne.

5

Hexe Kiki ist böse.
Sie sagt: „Abra-kadabra!“

6

Es donnert. Der Rabe
ist nun eine Ente.

7

„Haha!“, jubelt Hexe Kiki.

8

Illustrationen: Bettina Weyland; außer Rabe: Eva Spanjardt

Das Paket

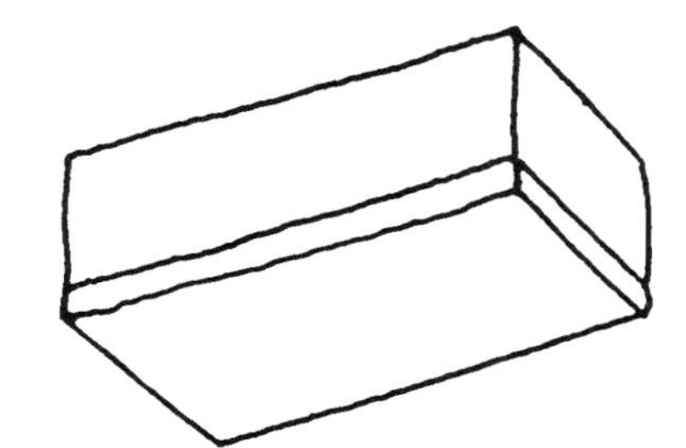

Name: ....

Es ist Abend.

Abb.: Bettina Weyland

Leo ist in seinem Zimmer.

Abb.:Bettina Weyland

Da kommt Papa ins Haus.

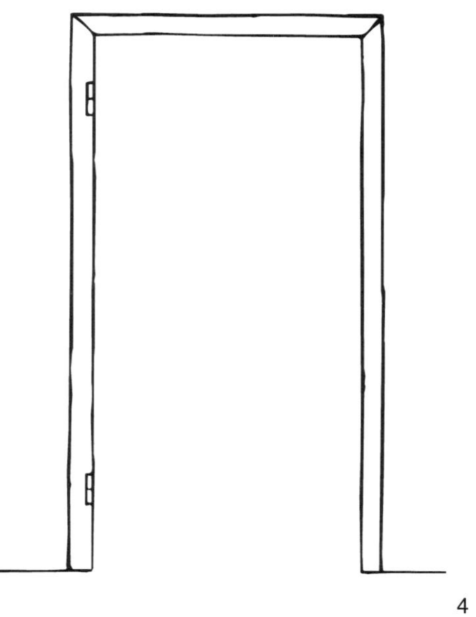

Abb.: Anja Boretzki

Leo gibt Papa einen Kuss.

Abb.: Bettina Weyland

Papa hat etwas für Leo dabei.
Leo muss die Augen zuhalten.

Papa gibt Leo ein Paket.

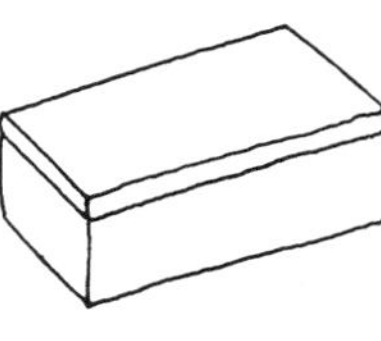

Im Paket ist ein Auto.
Leo jubelt.

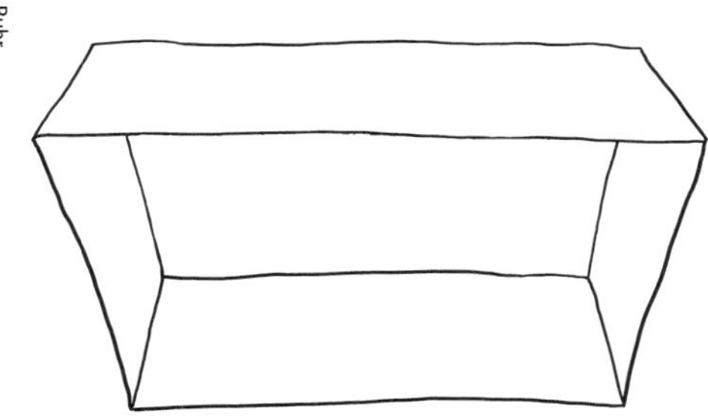

Familie Winter

Name: ....

Das ist Iwan Winter.
Iwan hat rote Haare und
ein blaues Oberteil.

Iwan mag Katzen.
Besonders gern mag er
seine Katze Lili.

Das ist Mira Winter.
Mira hat blonde Haare
mit grünen Klammern.

Mira mag Kekse.
Am besten findet Mira
Omas Kekse.

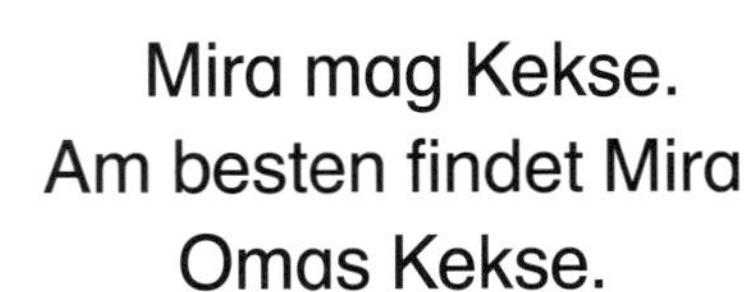

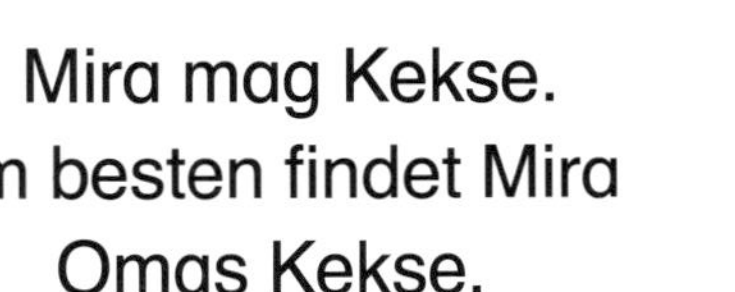

Das ist Sabine Winter.
Sabine hat blonde Haare
und einen gelben Pulli.

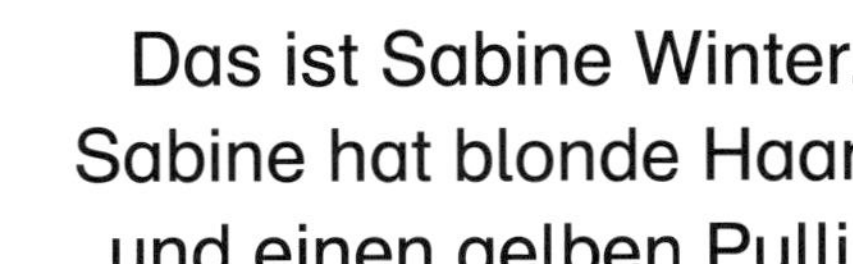

Sabine mag Musik.
Sabine hört oft Radio.

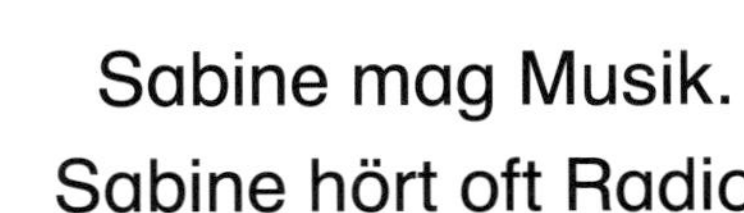

Und das ist Familie Winters
Haus. Neben dem Haus
ist ein See.

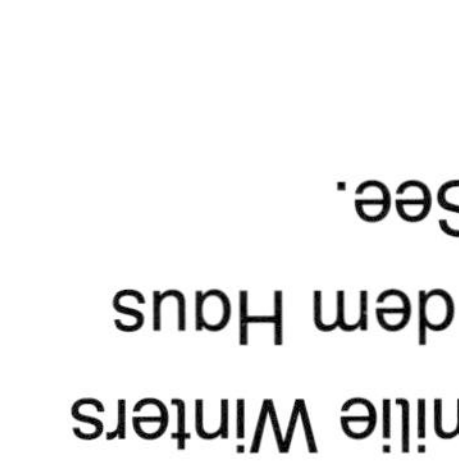

Illustrationen: Bettina Weyland

Daria auf dem Bauernhof

Name: ....

1

Oma und Opa haben einen Bauernhof. Da gibt es Gänse.

2

Daria ist bei Oma und Opa. Sie gibt den Gänsen Wasser.

3

Oma ist im Garten. Oma holt Gemüse.

4

Aus dem Gemüse wird eine Suppe. Daria hilft Oma.

5

Opa findet die Suppe gut. Daria isst nur Brot.

6

Nun darf Daria zu den Gänsen. Sie gibt den Gänsen Futter.

7

Daria wirft den Gänsen einen Ball zu. Die Gänse rennen hinter dem Ball her. Das ist lustig.

8

Nikos und der Esel

Name: ……………………………………

1

Auf der Weide ist ein Esel.

2

Der Esel will fressen.
Und er hat Durst.
Der Esel ruft „Iiii-aaa!“.

3

Nikos kommt auf die Weide.
Er hat Futter und Wasser.

4

Der Esel frisst und trinkt.
Nikos gibt dem Esel
einen Kuss.

5

Nikos hat einen Kamm.
Nikos bürstet damit das Fell.

6

Nikos legt einen Sattel
auf den Esel.

7

Nikos klettert auf den Esel.
Der Esel rennt los.

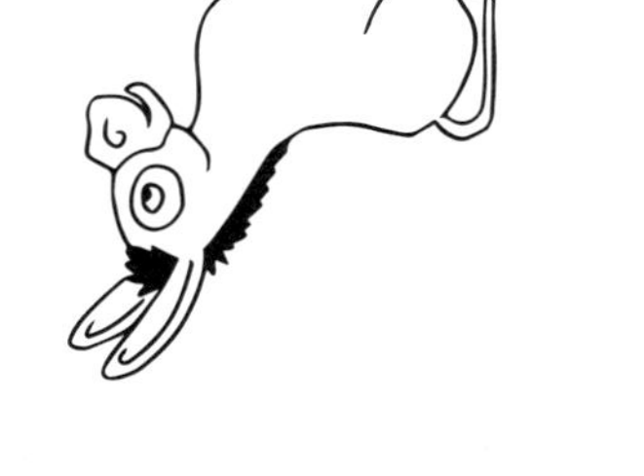

8

Illustrationen: Bettina Weyland

Hugo Hase und Wolfi Wolf

Name:

Im Wald lebt ein Hase.
Sein Name ist Hugo.

Hugo lebt unter dem alten
Baum. Da ist sein Haus.

Am Abend knabbert Hugo
etwas Salat. Da klopft es
an der Tür.

Es ist ein Wolf.
Sein Name ist Wolfi.
Hugo mag Wolfi gern.

Wolfi will etwas essen.
Hugo gibt dem Wolf
etwas Salat.

Hugo und Wolfi gehen in
den Wald. Hugo ist kalt.
Er hat einen Mantel an.

Wolfi und Hugo hören
einen Knall. Das war
der Jäger! Wolfi und Hugo
rennen in Hugos Haus.
Da ist alles gut.

Berufe

Name: ....

Abb.: Anja Boretzki

Lena ist Imkerin.
Sie hat Honig.

Abb.: Bettina Weyland

Keno ist Polizist. Er hat
einen Polizeiwagen.

Abb.: Anja Boretzki

Fatma ist Ärztin.
Sie hilft den Kranken.

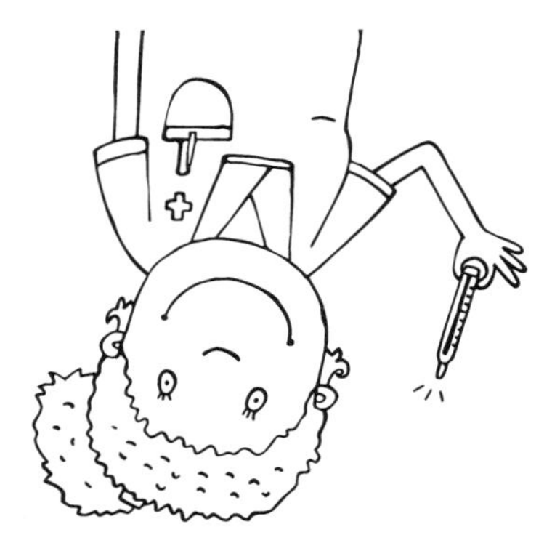

Abb.: Anja Boretzki

Igor ist Postbote. Er kommt
mit der Post und Paketen.

Abb.: Anja Boretzki

Jan ist Jäger.
Er hat einen Hund.

Abb.: Anja Boretzki

Tim ist Maler.
Er malt ein Bild.

© Anja Boretzki

Ralf ist Fotograf.
Er knipst Fotos.

Abb.: Anja Boretzki

Im Zirkus

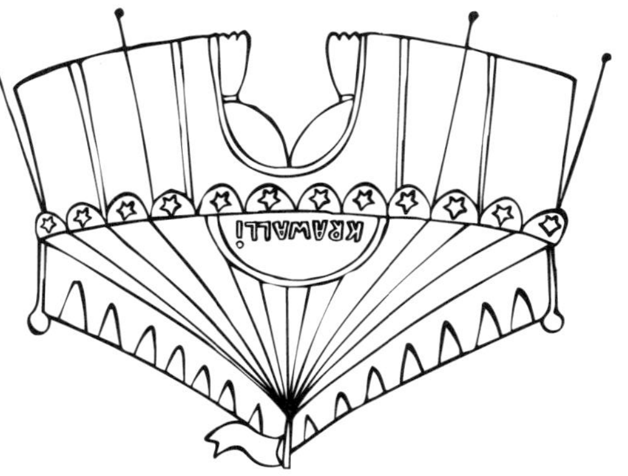

Name:

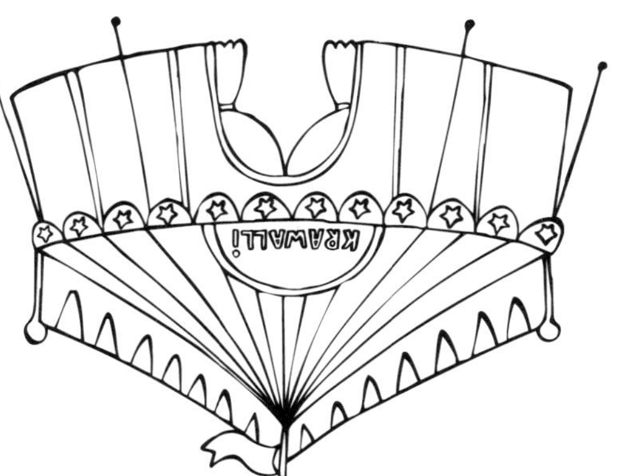

Max und Opa sind im Zirkus.
Das Zelt ist bunt.

Im Zirkus sind Löwen.
Sie sind in einem Käfig.

Im Zirkus sind Elefanten.
Die Elefanten halten mit dem Rüssel einen Ball.

Im Zirkus ist ein Esel.
Er hat einen bunten Sattel.

In der Pause holt Opa Pommes.
Max isst die Pommes mit der Hand.

Nun kommt ein Zauberer mit einem Mantel.
Er sagt: „Simsalabim“.
Max ist fort.

Max ist in seinem Bett.
War das alles nur ein Traum?

Name: ....